DU SYSTÈME

DES DOCTRINAIRES.

DU SYSTÈME

DES DOCTRINAIRES,

OU

OBSERVATIONS

SUR UN ÉCRIT DE M. GUIZOT, INTITULÉ : *DU GOUVERNEMENT DE LA FRANCE DEPUIS LA RESTAURATION, ET DU MINISTÈRE ACTUEL.*

PARIS,

A. EGRON, Imprimeur-Libraire, rue des Noyers;

DENTU,
DELAUNAY, } Libraires, au Palais-Royal.

⌇⌇⌇⌇⌇

OCTOBRE 1820.

DU SYSTÈME

DES DOCTRINAIRES,

ou

OBSERVATIONS SUR UN ÉCRIT DE M. GUIZOT, INTITULÉ : *DU GOUVERNEMENT DE LA FRANCE DEPUIS LA RESTAURATION, ET DU MINISTÈRE ACTUEL.*

⁎⁎⁎⁎⁎⁎⁎⁎⁎⁎⁎⁎⁎⁎⁎⁎⁎⁎⁎⁎⁎

IL ne faut jamais promettre plus que l'on ne peut tenir. Je proteste donc contre tout ce qui tendrait à m'attribuer le désir ou l'intention d'offrir ici l'explication, le développement, la réfutation du système des Doctrinaires.

Pour expliquer un système, il faut d'abord comprendre la langue dans laquelle l'auteur a exprimé ses idées ; et celle des Doctrinaires offre de plus grandes difficultés qu'aucune langue morte, car elle n'a jamais existé. Où trouver la grammaire, le dictionnaire qui en fasse connaître les premiers élémens ? Par quelle figure de rhétorique expliquer, par exemple, *une route qui refoule, des vœux rétrogrades*, une révolution qui brise *et passe* des hommes, et mille autres expressions non moins étranges ?

Pour développer un système, ce système doit offrir une liaison, une conséquence quelconque ; et celui des Doctrinaires, si réellement ils en ont un, ce qui n'est pas bien sûr, est un amas de théorèmes décousus, vagues, et qui peuvent s'interpréter de cent manières différentes. Un seul point paraît clair à la première vue, mais il ne l'est pas plus que le reste, ainsi qu'on le verra par la suite.

Enfin, pour réfuter un système, il est nécessaire que l'inventeur soit assez d'accord avec lui-même pour ne pas pouvoir se sauver par des faux-fuyans ; or, on ne jouit point de cet avantage avec les Doctrinaires. Il est possible, après s'être bien évertué à prouver la fausseté d'une assertion maintenue pendant un demi-volume, que le Doctrinaire vous ferme la bouche, en vous montrant, dans l'autre moitié de son volume, la réfutation de son propre principe (1). Si vous lui demandez comment il accorde la fin de son ouvrage avec le commencement, il vous répondra que c'est là le beau de son système, que c'est en cela que consiste sa profondeur, que ses deux propositions sont également vraies, que si vous ne partagez pas son avis, vous n'êtes pas digne d'entrer dans le docte corps des Doctrinaires.

Je répète donc que je serais très-fâché que, jugeant sur le titre de cet opuscule, on s'attendît à trouver ici une réfutation complète d'un système que j'avoue franchement ne pas comprendre : mais j'ai eu la patience de lire le gros volume de M. Guizot, et j'ai éprouvé le désir de m'attacher à quelques-unes de ses propositions prises en particulier, à celles qui m'ont paru les plus claires, et d'écrire quelques pages pour démontrer d'un côté leur fausseté, et de

---

(1) Nous recommandons, par exemple, le chapitre de la légitimité et celui où il est question des régicides ; on y trouvera des passages que ne désavouerait pas le plus franc *ultrà*. Qu'est-ce que cela prouve, sinon que les Doctrinaires n'ont au fond pas de système fixe ? Ce sont, selon moi, des hommes d'esprit et de bien qui se laissent égarer par leur amour-propre.

l'autre leur tendance désastreuse, non-seulement pour la France, mais pour l'humanité toute entière.

Le premier chapitre de M. Guizot commence par cette phrase : « En donnant la Charte à la « France, le Roi adopta la révolution. » Je dis qu'en donnant la Charte, le Roi *termina* la révolution ; ce qui est fort différent. En terminant la révolution, le Roi peut avoir adopté *quelques-unes* des idées qui y avaient donné lieu, car il n'y a point de mal qui n'offre quelque bien ; et quoiqu'il y ait peu de bonnes choses qui vaillent la peine qu'on se soumette à un grand mal pour les obtenir, une fois que le mal est fait, on aurait tort de ne pas profiter du bien qui peut en avoir résulté.

« Adopter la révolution », poursuit M. Guizot, « c'était se porter l'allié de ses amis, l'ad- « versaire de ses ennemis. » Si, par les amis de la révolution, on entend les personnes qui veulent profiter franchement du bien que la révolution a pu faire, en détestant du fond de leur âme et en s'efforçant de réparer, le plus complétement et le plus promptement possible, les maux innombrables qu'elle a causés, rien n'est plus simple. Si, au contraire, on appelle amis de la révolution ceux qui, avant la révolution, en désiraient une, et qui ne craignaient pas de s'exposer aux maux qu'elle ne pouvait manquer d'entraîner, dans l'espoir de quelques avantages vagues et incertains; ceux-là ne doivent avoir pour allié aucun roi, aucun gouvernement; ils sont les ennemis naturels de tout roi, de tout gouvernement quelconque. Par la même raison, si, avec tous les hommes raisonnables, on appelle ennemi de la révolution celui qui, avant qu'elle ne se déclarât, eût tout donné pour la prévenir, préférant quelques abus existans, aux malheurs inséparables d'un renversement; celui qui demande aujourd'hui à grands cris que, des suites de la révolution, l'on fasse cesser tout ce qui n'est pas un bien évident et palpable, et ce qui, par parenthèse, se réduit à fort peu dechose; alors je soutiens que, loin de se déclarer l'adversaire de pareils citoyens, ce n'est que sur eux que le gouvernement pourra fonder l'espoir de sa stabilité.

Dès la première phrase, je me trouve dans une opposition si complète avec les idées de M. Guizot, qu'on jugera sans peine combien la suite de son ouvrage doit m'offrir de matière à discussion. En effet, sur la même page je trouve que la révolution a été une guerre, une vraie guerre, telle que le monde la connaît entre peuples étrangers; que depuis treize siècles la France en contenait deux, un peuple vainqueur et un peuple vaincu ; que depuis plus de treize siècles le peuple vaincu luttait pour secouer le joug du peuple vainqueur; et que la révolution a été une bataille décisive que ces deux peuples se sont livrée.

Je prie le lecteur d'observer qu'ici la révolution est une bataille; plus bas, nous verrons que la révolution lutte présentement avec la contre-révolution, et que l'une des deux sera vaincue : or il faut être Doctrinaire pour se faire une idée bien nette d'une bataille qui lutte et d'une bataille qui est vaincue.

On demandera peut-être quels sont ces deux peuples qui se font en France une guerre si acharnée depuis treize siècles; nous voyons sur la page 2 que ce sont les Francs et les Gaulois, et que, dans la bataille de la révolution, les Francs ont été battus par les Gaulois. Je ne savais pas encore que les Doctrinaires eussent aussi une géographie toute particulière à leur usage.

Vous êtes de mauvaise foi, me dira M. Guizot; vous savez fort bien que, par Francs et

Gaulois, j'entends les nobles et les roturiers, et n'est-il pas vrai qu'ils se font la guerre depuis treize siècles? Non certes, M. Guizot, ils ne se font point la guerre comme vous le dites, sans cela le monde entier serait un vaste champ de bataille; car comme, sous des noms différens, la distinction de nobles et de roturiers exista de tout temps et en tous lieux, il y aurait une guerre pareille chez tous les peuples de la terre; et de plus, comme aucune société ne peut exister sans cette distinction, la révolution n'aurait point fait cesser le combat; elle n'aurait fait que déplacer les combattans, et alors qu'y aurions-nous gagné?

Ce n'est pas qu'il n'y ait quelque chose de vrai dans ce que vous dites; mais, en qualité de Doctrinaire, une explication simple ne vous convenait pas, et il vous a fallu chercher bien loin ce qui sautait aux yeux.

Une lutte a sans doute eu lieu en France comme partout ailleurs, mais elle ne constituait nullement un état de guerre : c'était la lutte des gens qui n'avaient rien avec les propriétaires (1).

____

(1) Je n'ignore pas qu'il a réellement existé une espèce de lutte entre les nobles et les roturiers, surtout dans quel-

C'est précisément pour empêcher que cette lutte ne dégénère en un état de guerre que les Gouvernemens ont été établis, et le premier devoir d'un Gouvernement est de tenir dans l'obéissance ces gens qui n'ont rien à perdre, et qui cherchent sans cesse à renverser l'ordre établi pour s'élever sur ses débris. Tant qu'un Gouvernement conserve la force nécessaire pour les maintenir, la lutte subsiste, mais sans aucun danger pour la nation ; quand le Gouvernement s'affaiblit, les prolétaires rompent la digue et détruisent les institutions ; l'anarchie règne pendant quelque temps, fait place ensuite à de nouvelles institutions, et la révolution est terminée.

Mais ce serait une grande erreur de s'imaginer que ces nouvelles institutions soient faites en faveur de ceux qui ont fait la révolution ; elles sont au contraire entièrement dirigées contre eux, c'est-à-dire contre les gens qui n'ont rien, et à l'avantage de ceux qui possèdent ; et, par possession, je n'entends pas seulement des biens,

---

ques provinces ; mais cette lutte qui, depuis que les droits féodaux ne consistaient plus qu'en quelques cérémonies insignifiantes, n'avait pour objet que des amours-propres blessés, n'aurait jamais pu occasioner la révolution.

mais des honneurs, des priviléges : car aucun
Etat ne peut subsister sans inégalité dans les for-
tunes et dans les rangs ; cette inégalité se re-
trouve après la révolution comme elle a existé
auparavant. Il se peut qu'elle ne soit pas en faveur des mêmes individus ; mais cela ne change
rien au fond de la question. Il se peut, il est
même probable que les institutions nouvelles
ne soient pas semblables aux anciennes ; cela ne
décide encore rien pour l'argument. Ç'a été, en
France, une présomption assez favorable à celles
qui existaient que de les voir soutenir pendant
treize siècles la lutte naturelle sans succomber.
Si les nouvelles ne durent pas autant, c'est qu'à
coup sûr elles ne sont pas aussi fortes. Voilà
pourquoi toutes les constitutions imaginées depuis trente ans n'ont offert qu'une anarchie qui
en remplaçait une autre.

Si, lors des Etats-Généraux, on se fût borné
à instituer dans toutes les provinces des assem-
blées provinciales, et à assurer le retour régulier
des Etats, il est probable, il est même certain
que la révolution n'eût point eu lieu. Que se-
raient devenus alors les vainqueurs et les vaincus, les Francs et les Gaulois de M. Guizot ? Les
vainqueurs d'aujourd'hui et les Gaulois d'autre-

fois eussent été au comble de la joie, et cependant rien n'eût été changé dans les anciennes institutions de la France : ces institutions contenaient donc à cette époque tout ce qu'il fallait pour prévenir la bataille décisive.

Du moment où les États - Généraux se furent constitués en Assemblée nationale, la bataille commença : je suis, à cet égard, d'accord avec M. Guizot ; mais si l'Assemblée Constituante, au lieu de donner une absurde théorie en place d'institutions, eût conservé la noblesse et l'eût réunie en chambre haute, la révolution était faite, et cependant aucun bien n'avait changé de mains ; les Francs restaient Francs, les Gaulois, Gaulois. Et que devenait encore la guerre de treize siècles ?

Je dirai ce qu'elle devenait. Une paix appuyée sur des institutions protectrices des propriétés, des familles, des cités, des priviléges, oui des priviléges inséparables de tout état social ; une paix enfin telle que le Roi a voulu nous la donner par la Charte, et dont nous n'avons été privés jusqu'ici que parce que les agens du pouvoir se sont laissés éblouir par les fausses spéculations des Doctrinaires et de leurs pareils.

L'Assemblée Constituante, au lieu d'organi-

ser l'État, nivela tout ; dès-lors elle mit en présence, non les Francs et les Gaulois, les nobles
et les roturiers, mais les propriétaires et les
gens de rien ; et la force numérique étant du
côté de ceux - ci, ils devaient inévitablement
remporter la victoire, du moment où les autres
n'étaient plus défendus par leurs priviléges ; ils
furent en effet vainqueurs, ils régnèrent, et avec
eux l'anarchie. Cette anarchie se perpétua jusqu'à l'arrivée de Buonaparte, qui la comprima
momentanément sans l'abattre. Enfin, le Roi
vint la détrôner ; mais il ne put à tel point l'é-
touffer qu'elle ne relevât la tête de temps à
autre, et de là cette lutte que M. Guizot a vue
avec toute la France, mais qu'il attribue à tort
à deux peuples, ou plutôt, comme il s'exprime
plus bas, à la révolution mise en présence de la
contre-révolution.

Le Roi, ai-je dit, détrôna l'anarchie en re-
montant sur le trône. En effet, sans compter la
stabilité que le retour de la légitimité donnait
au Gouvernement, c'est le Roi qui, le premier
depuis le renversement des anciennes institutions, en ait offertes à la France qui pussent le
moins du monde les remplacer. Certes, personne ne prétendra que les mille et une consti-

tutions républicaines, et les sénatus-consultes organiques de l'empire en renfermassent même le germe. Le Roi a terminé la révolution, le Roi a détrôné l'anarchie; dès-lors le Roi a pour amis naturels tous les propriétaires de quelque genre qu'ils soient, Francs ou Gaulois, nobles ou roturiers, tous ceux qui sont intéressés au maintien de l'ordre, le sont au maintien d'un Gouvernement qui seul, depuis trente ans, leur promet le triomphe de l'ordre.

Rien de plus faux que l'idée que, quand une révolution réussit, ceux qui ont fait la révolution sont vainqueurs; ils peuvent l'être individuellement, par circonstance, mais ils ne le sont jamais en masse, parce que les révolutions sont toujours faites par ceux qui n'ont rien à perdre, que sur ces gens il n'y en a qu'un très-petit nombre qui fassent individuellement fortune, et que tous les autres sont aussi vaincus au retour de l'ordre qu'ils l'étaient avant qu'il n'eût été troublé. M. Guizot cite l'exemple de l'Angleterre, et cet exemple parle contre lui. « L'Angleterre, dit-il, a chassé les Stuarts et appelé « sur leur trône un prince étranger; les Jacobites « sont restés; ils ont continué de former un « parti, et pendant soixante ans le Gouverne-

« ment a été occupé à s'en défendre. La même
« nécessité est attachée à notre situation. Nous
« avons vaincu l'ancien régime, nous le vain-
« crons toujours ; mais long-temps encore nous
« aurons à le combattre. »

Il faut commencer par faire sentir combien
cette phrase est captieuse. M. Guizot parle d'a-
bord des Jacobites, qui sont des hommes , et
puis de l'ancien régime, qui est un être abstrait.
Il fallait de nécessité, pour rendre la comparai-
son juste, dire les hommes de l'ancien régime ;
et alors, je soutiendrai que les Jacobites ont été
vainqueurs en Angleterre, comme les hommes
de l'ancien régime doivent irrévocablement être
vainqueurs en France. Les Jacobites et les hommes de l'ancien régime ne sont autre chose que
les amis de l'ordre et de la légitimité. Les uns
furent vaincus en 1688, les autres en 1790. Les
Jacobites, en Angleterre, combattirent tant que
le gouvernement fut illégitime ; du moment où,
par l'extinction de la famille des Stuarts, la légitimité fut rentrée dans le gouvernement, les
Jacobites ou Torys, car, au fond, ces noms dé-
signent le même parti ; devinrent les soutiens
naturels du gouvernement, qui ne crut pas pouvoir mieux faire que de chercher parmi eux ses

amis. Il y a plus, les Whigs qui, depuis la victoire des Torys, formèrent une opposition constitutionnelle, n'ont jamais prétendu se mettre en état de guerre contre eux ; ils n'ont voulu jouer, d'autre rôle, que celui de sentinelle pour mettre la nation en garde contre les empiétemens du pouvoir. Aujourd'hui que les radicaux, gens de rien, *amis de la révolution*, et par conséquent *ennemis du Roi*, ont pu prendre une attitude hostile par la force des circonstances, les anciens Whigs se sont tellement fondus avec les Torys, qu'à peine peut-on encore les distinguer.

Il en sera de même en France : les hommes de l'ancien régime, Jacobites et Torys, soutiens naturels de la légitimité, doivent infailliblement être vainqueurs dès que la légitimité gouverne. Ils peuvent être momentanément éloignés des places, ce n'est pas être vaincu que n'avoir pas le pouvoir ; mais ils ne peuvent être constamment repoussés, parce qu'un gouvernement ne peut s'appuyer que sur ceux qui ont intérêt à le défendre.

Du reste, en parlant des hommes de l'ancien régime, je n'entends pas exclusivement l'ancienne noblesse. Tous ceux qui, pendant ou après la révolution, ont acquis de grands biens, des titres à la gloire, font incontestablement partie des défenseurs du gouvernement légitime; et je suis loin de penser que ces hommes représentent la révolution : ce serait leur faire injure. Ce sont des individus qui, à l'aide des circonstances, ont fait une fortune plus prompte, plus éclatante qu'ils ne l'eussent faite en des temps ordinaires. Tant que la révolution a duré, ils pouvaient l'aimer en reconnaissance des facilités qu'elle leur offrait de s'élever; la révolution terminée, ils en deviennent, par le fait même, les plus grands ennemis. Leurs positions respectives peuvent occasioner une certaine jalousie, un certain éloignement entre eux et l'ancienne aristocratie; mais ce ne sera point une guerre, parce qu'ils n'ont rien à gagner en se renversant réciproquement. Les uns représenteront les Torys, les autres les Whigs. Dès que les nouvelles institutions seront consolidées, de quelque genre que soient ces institutions, les uns et les autres prendront leur place, et si jamais alors les amis de la révolution, ou des révolutions, ce qui est synonyme à mon avis, relèvent encore la tête, Torys et Whigs se réuniront

pour les combattre, en France comme en Angleterre.

Si je voulais, si je pouvais suivre pas à pas
M. Guizot, il n'y aurait pas une page de sa vo-
lumineuse brochure qui ne m'offrît une occasion
de relever des erreurs. Après tout ce que je
viens de dire, je n'en suis encore qu'à la sixième.
Sur la septième, je trouve que, « jusqu'en 1820,
« le gouvernement a vu ses alliés dans le peuple
« de la Charte, ses adversaires dans le peuple
« du privilége. »

Ici, je pourrais demander ce que c'est qu'une
Charte, si ce n'est un recueil de priviléges, et
comment le peuple de la Charte peut être différent du peuple du privilége? Je crois que mon
adversaire aurait de la peine à m'expliquer cette
difficulté. Je sais que, par un abus de mots, on
a prétendu qu'autrefois la noblesse jouissait seule
en France de priviléges, tandis qu'il n'y avait
pas un rang, pas une profession, pas une aggré-
gation quelconque d'hommes qui n'eût les siens,
différens à la vérité, mais qui servaient à les
distinguer entre eux, et formaient ensuite autant de liens qui les unissaient à la grande société. C'est ce que l'on a méconnu durant la ré

volution, et c'est ce que la Charte a voul. rétablir, non de la même manière qu'autrefois,
mais d'une manière analogue et conforme aux
circonstances. Une fois pour tout, sans priviléges
il n'existe point de société.

Pour citer un seul exemple, on ne cesse de
peindre, sous les couleurs les plus odieuses, le
prétendu privilége dont jouissait jadis la noblesse d'occuper tous les hauts grades militaires. Plus d'un écrivain, plus habile que moi,
a déjà observé que ce privilége n'était qu'une
préférence nullement exclusive; que des roturiers parvenaient journellement, par leur mérite
seul, aux grades les plus élevés, et qu'ils étaient
connus sous le nom d'officiers de fortune. Mais
je dirai plus, ce privilége n'en était point un;
il était, au contraire, une charge. Lors du régime féodal, les seigneurs obtenaient des fiefs,
sous la condition de suivre le prince à la guerre,
et d'amener avec eux un certain nombre d'hommes d'armes, dont la solde et l'entretien étaient
à leurs frais. Plus tard, les cités qui avaient obte-
nu des franchises, considérées à leur tour comme
nobles, reconnaissaient ce bienfait en fournis-
nissant des compagnies d'armes quand le prince
partait pour la guerre. Les chefs de ces compa-

gnies étaient à la nomination des magistrats ; mais, tant à l'égard des possesseurs de fiefs qu'à l'égard des villes, le service militaire était considéré non comme un privilége, mais comme une charge.

Quand le système féodal eut cessé d'exister, la coutume subsista toujours, en vertu de laquelle les anciens possesseurs de fiefs étaient considérés comme obligés au service. Tout noble entrait dans l'armée, mais il y entrait par devoir et non par choix. Ce n'était pas qu'à cet égard il murmurât d'un devoir qui l'appelait à défendre son roi et sa patrie ; il le remplissait avec joie, y sacrifiait sa fortune s'il en possédait ; ou s'il en était privé, il coulait ses jours dans une médiocrité honorable, plus digne d'envie que des trésors injustement acquis.

En quoi consistait donc le privilége de la noblesse pour les emplois militaires ? Il est de fait que l'histoire de France offre de nombreuses preuves de roturiers élevés par leur mérite ; mais, indépendamment de cela, nous avons prouvé que le service était, pour les nobles, une obligation, et une obligation d'autant plus impérieuse, que toute autre profession leur était sévèrement interdite. Un noble sans fortune ne pouvait être ni avocat, ni médecin, ni commerçant, ni artiste. N'eût-il pas été de la plus criante injustice de l'exclure de toutes les professions de la vie, hormis une seule, et de ne lui accorder aucune préférence dans la seule qui lui fût ouverte?

On demandera, peut-être, pourquoi ne pas permettre indifféremment toutes les professions à la noblesse ? Je répondrai que cela ne se pouvait sans détruire l'essence même de cette institution. On cite l'exemple de l'Angleterre; mais on commet une grande erreur, en s'imaginant qu'un seigneur anglais puisse être indifféremment avocat, médecin ou commerçant. En Angleterre, le chef seul d'une famille est noble, et ce chef n'exerce jamais de profession, à moins qu'il n'ait acquis la noblesse par la distinction qu'il a obtenue dans sa profession même, et ce nombre est très-petit. Mais il y a plus, les cadets mêmes des familles vraiment grandes et illustres, quoique sans rang ou privilége quelconque dans l'État, n'embrassent guère de profession lucrative : ils cultivent leurs terres ou servent dans l'armée, et dans ce dernier cas, l'égalité parfaite qui règne parmi les citoyens anglais ne les empêche pas de parvenir plus rapidement que de simples roturiers.

La noblesse ne saurait exister sans priviléges ; il s'agit seulement de savoir quels sont ceux qu'il est juste, convenable et conforme à l'esprit du siècle de lui accorder. On conçoit facilement que tout privilége pécuniaire est ici entièrement hors de la question ; l'exemption d'impôts ou de tailles, soit pour les personnes, soit pour leurs possessions, a été à jamais abolie par la Charte ; la préférence pour l'avancement militaire lui a été irrévocablement enlevée par les hauts faits des guerriers français pendant le dernier quart de siècle. Je suis loin de prétendre ouvrir ici un avis sur ce que l'on pourrait faire pour relever en France la noblesse, sans laquelle il n'y a point de monarchie ; mais je citerai pour exemple les places purement honorifiques, et un certain nombre de sinécures à la cour dont il serait peut-être possible de leur accorder le privilége. J'en reste là, car je ne dois pas oublier que mon but a été de réfuter M. Guizot, et non de former d'un système de gouvernement.

Après avoir tâché de démontrer que la supposition de deux peuples qui, depuis treize siècles, font de la France un vaste champ de bataille, n'est qu'un fantôme créé dans le cerveau

malade d'un Doctrinaire, j'arrive à une partie de
la brochure de M. Guizot, plus importante pour
nous, en ce qu'elle traite de notre avenir. Voyons
si ce n'est pas encore là un fantôme que nous
aurons à combattre.

Tout autre qu'un Doctrinaire aurait commencé son ouvrage par poser l'état de la question. Eh bien! M. Guizot ne s'y décide qu'à la
cent trente-septième page. Je vais transcrire ce
chapitre entier; il est court, et par ce moyen
mes lecteurs me suivront plus facilement dans
ce que j'aurai à dire.

« Ce qui s'est passé depuis 1811, dit M. Gui-
« zot, nous fait voir pour la France, comme
« l'indiquait la plus simple réflexion, deux sys-
« tèmes de gouvernement; gouverner de con-
« cert avec les intérêts nouveaux et à leur pro-
« fit, gouverner de concert avec les intérêts an-
« ciens et sous leur influence.

« Je suppose, et je dois supposer que des
« deux parts le but est le même, qu'il s'agit
« également de fonder l'ordre constitutionnel
« et de maintenir le trône légitime. La question
« se pose donc en ces termes : Pour atteindre à
« ce double but, quel instrument est le meil-
« leur, la révolution ou la contre-révolution ?

« ou encore, si l'on veut, quelle entreprise est
« la plus facile, faire accepter à la révolution la
« légitimité, ou la Charte à la contre-révolu-
« tion? Je dirai même, pour annoncer toute ma
« pensée, de ces deux entreprises laquelle est la
« seule possible?

« Il est évident, d'une part, qu'avant 1820
« tous les ministères ont tenté de fonder la
« Charte et le trône en prenant la France nou-
« velle pour alliée et pour point d'appui; d'autre
« part, que le ministère actuel cherche dans
« l'ancien régime son point d'appui et ses alliés.

« Est-il vrai que la révolution soit ingouver-
« nable au profit du trône? que la contre-révo-
« lution soit gouvernable au profit de la Charte?
« C'est bien là que gît le débat entre les mi-
« nistres et les hommes qui partagent mon opi-
« nion.

« Examinons, pour répondre, ce que sont
« réellement, mises en contact et dans leurs
« rapports, la révolution, la contre-révolution;
« la légitimité. »

Ce que l'on vient de lire est le fondement de
tout le système de M. Guizot. Examinons nous-
mêmes si ce fondement est bien solide.

Il existe en effet pour la France plus d'un sys-

tème de gouvernement, et si je m'étonne, c'est
que M. Guizot en ait si fort borné le nombre.
Puisqu'il voulait absolument n'en trouver que
deux, n'aurait-il pas parlé plus exactement en
disant que l'un consistait à gouverner avec vi-
gueur, constance, prévoyance; l'autre à ne montrer que mollesse, incertitude, imprudence?
Mais on ne peut pas exiger qu'un Doctrinaire
s'exprime toujours avec précision, et c'est cela qui
fait que j'admire une certaine netteté dans la
définition que M. Guizot donne immédiatement
après de ses deux modes de gouvernement. Selon lui, quand on gouverne avec ce qu'il appelle
les *intérêts nouveaux*, c'est à leur *profit;* mais il
a eu bien soin de ne pas parler de *profit* pour les
intérêts anciens, il s'est contenté de l'*influence*.
Un royaliste aurait-il mieux parlé? En effet, ces
pauvres *intérêts anciens!* il ne s'agit pas pour
eux de *profit;* ils n'en demandent pas et n'en
obtiendront jamais. Ils désirent à la vérité de
l'influence; mais, croyez-en M. Guizot, cette
influence est bien désintéressée : servir leur Roi,
sauver leur patrie, périr s'il le faut pour l'un et
pour l'autre, voilà quel fut toujours le vœu, l'espoir et la destinée des intérêts anciens. Il n'en
est pas ainsi des intérêts nouveaux : j'en appelle

encore à M. Guizot lui-même, quand ils gouvernent c'est pour leur *profit*. Le Roi! la Patrie! il s'agit bien de cela; c'est du profit qu'ils demandent : donnez-leur la France à exploiter, ils vous en rendront bon compte, témoin les vingt-cinq années où nous avons eu le bonheur d'être gouvernés au *profit* des intérêts nouveaux.

Je conçois que M. Guizot suppose et doive supposer que des deux côtés on ait le même but; mais il me permettra de ne pas pouvoir admettre une pareille supposition sans preuve; je veux lui passer la fondation de l'ordre constitutionnel, mais pour le maintien du trône légitime c'est fort différent. Je ne croirai jamais que des intérêts nouveaux, qui ne sont nouveaux que parce qu'ils sont illégitimes, puissent mettre une grande sincérité à maintenir le trône légitime, et j'en donne pour preuve les attaques continuelles que les prétendus *intérêts nouveaux* ne cessent de porter à ce trône dans leurs discours, dans leurs écrits et dans leurs actions. Que l'on ne s'imagine pas pour cela que je me déclare l'ennemi des intérêts nouveaux; bien au contraire, je leur suis, à ce que je crois, plus véritablement attaché que M. Guizot; et pour preuve je voudrais que l'on regardât comme une attaque formelle à l'ordre

constitutionnel et au trône légitime tout ouvrage dans lequel on se permettrait de supposer
une division entre les intérêts nouveaux et les
intérêts anciens. Il est un fait incontestable, et
qu'il ne faut jamais perdre de vue, c'est que du
moment où vous séparez les intérêts, les nouveaux sont illégitimes ; fondez-les ensemble,
vous rendez au contraire ces derniers légitimes,
vous affermissez le trône et l'ordre constitutionnel : mais aussi je conviens que vous êtes obligé
de renoncer à l'ingénieux système des deux peuples qui se font la guerre et qui se livrent des
batailles qui sont des révolutions. Fondez-les
ensemble, et les intérêts anciens emploieront
leur *influence* au *profit* des intérêts nouveaux.
En attendant, ne croyez pas que cette fusion se
fasse en plaçant par-ci par-là des hommes nouveaux à côté d'hommes anciens, sans marquer
distinctement la position des uns et des autres ; je
ne dis pas seulement la position réciproque, mais
encore à l'égard du reste des citoyens. Pour y réus-
sir il faut rétablir certains priviléges, et faire entrer les intérêts nouveaux en partage de ces priviléges. Ainsi, par exemple, la noblesse nouvelle
est presque entièrement composée de *Gaulois* ;
or, en rendant à la noblesse en général un petit

nombre de priviléges honorifiques, ils seront possédés indifféremment par *Francs* et par *Gaulois* : il est possible, à la vérité, que l'on fasse naître par là un nouveau peuple qui fasse encore la guerre à ces nouveaux privilégiés, ce qui aura quelques suites funestes. D'abord, M. Guizot ne pourra plus se servir des noms de *Francs* et de *Gaulois*, et ce sera bien dommage. Ensuite, il sera obligé, dans une nouvelle édition de sa brochure, de distinguer le peuple ancien, le peuple nouveau et le peuple intermédiaire, ce qui pourrait bien avoir pour résultat de compliquer tellement son système qu'il en deviendrait tout-à-fait inintelligible, malheur irréparable, comme on sait, pour un Doctrinaire. Mais, d'un autre côté, comme la guerre entre les deux peuples ne feroit que commencer, nous aurions l'avantage d'avoir treize siècles devant nous avant qu'une bataille décisive vienne encore nous donner des intérêts nouveaux qui réclament le droit de gouverner à leur *profit*, et cet avenir est assez éloigné pour que ceux qui sont dans les champs puissent revenir « pour prendre leur robe. »

Poursuivons. M. Guizot se demande quel est le meilleur instrument pour fonder l'ordre cons-

titutionnel et maintenir le trône légitime, la révolution ou la contre-révolution ?

Ici, je pense qu'il faut m'arrêter un peu, car
cette phrase contient la quintessence de la brochure en 324 pages dont M. Guizot a gratifié le
public.

Je prierai d'abord mes lecteurs d'observer
tout ce qu'il y a d'ingénieux dans cette allégo-
rie, où la révolution et la contre-révolution sont
personnifiées ; où l'on voit la révolution réduite
à accepter la légitimité, ou bien la contre-révolution à accepter la Charte. Je puis, à la rigueur,
me figurer la révolution sous une forme hu-
maine. Mirabeau, Robespierre, Buonaparte,
surtout, m'en offrent les traits les plus saillans.
D'ailleurs, la révolution a existé, mais la contre-
révolution est, jusqu'à présent, un être de raison ; et j'avoue que mon imagination n'est pas
assez active pour me la dépeindre agissante.

Venons maintenant à la chose même. Comment la révolution peut-elle être un instrument
pour maintenir le trône légitime ? Comment une
révolution, qui n'est autre chose que la destruction de l'ordre, peut-elle contribuer au maintien
de l'ordre par excellence ? Qui dit révolution,
dit renversement de la société ; la révolution ne

peut donc rien conserver, et celui qui voudra se servir de la révolution pour organiser l'État ne fera inévitablement que hâter ni sa désorganisation complète.

D'un autre côté, vous demandez si l'on peut faire accepter la Charte à la contre-révolution, ce qui veut dire en français, du moins je le pense, qu'en supposant une contre-révolution, vous demandez si, dans ce cas, la France continuerait à être gouvernée par la Charte? Posée de cette manière, la question est du moins intelligible; mais elle devient à la fois une sottise et une pétition de principe. Il y avait autrefois un système de gouvernement en France, qui a été renversé par une révolution. S'il arrivait une contre-révolution, l'ancien système de gouvernement serait rétabli; et comme la Charte n'en faisait point partie, il est évident que la Charte est incompatible avec la contre-révolution. Mais est-ce bien là ce que M. Guizot a voulu dire? Non sans doute. Que faut-il donc voir sous ce voile allégorique de révolution et de contre-révolution personnifiées? Rien, si ce n'est les hommes qui ont gagné par la révolution, et ceux qui ont perdu; ce qui réduit la question de M. Guizot à ce qui suit : « Pour fonder l'ordre constitu-

« tionnel et maintenir le trône légitime, quels
« instrumens sont les meilleurs, les hommes
« qui ont gagné par la révolution, ou ceux qui
« ont perdu? Est-il plus facile de faire accepter
« la légitimité aux premiers, ou la Charte aux
« derniers? »

Rien de plus simple qu'un pareil état de
question, et rien de plus facile à résoudre. Pourquoi donc M. Guizot ne l'a-t-il pas posée ainsi?
Précisément parce qu'elle est trop simple; voilà
la première raison; et puis parce que les mots
de révolution et de contre-révolution ont aujourd'hui, sur les hommes en France, un effet
magique qui rend tout possible par leur secours.
Le mot de contre-révolution surtout est un
cauchemar plus affreux mille fois que les vam-
pires les plus insatiables. Peindrai-je le songe
inquiet de l'infortuné tourmenté par la crainte
de la contre-révolution? Ici, un gibet au haut
duquel un pendu grince horriblement les dents;
là, une dîme sous la forme d'une gerbe flétrie;
d'un côté, des membres palpitans sous la roue;
de l'autre, un droit féodal, représenté par des
grenouilles muettes de frayeur. Dans le lointain,
des bûchers et des parchemins, la question et
l'intolérance, le tout entremêlé de moines, de

Bourguignons, de parlemens, de Manceaux, en un mot, un mélange de tout ce qui a jamais exis- té de plus horrible et de plus effrayant au monde. Le malheureux se réveille trempé d'une sueur froide; il se lève en frissonnant, déjeune et sort. Quel est son effroi, en se retrouvant au milieu des hommes que l'on accuse de vouloir réaliser son rêve! Mais quel est bientôt son étonnement de les trouver doux, raisonnables, *libéraux*, résignés surtout! Sa frayeur alors se dissipe peu à peu; et ce n'est pas le compte de M. Guizot et de ses amis. Aussi, quand ils veulent frapper de grands coups, mettent-ils toujours en avant la CONTRE-RÉVOLUTION, qui est une chimère qu'il leur est permis de peindre sous toutes les cou- leurs que fournira leur imagination, tandis qu'ils évitent soigneusement de parler des hommes, au moyen desquels cette horrible chose doit s'exécuter.

Nous allons donc, pour nous faire entendre, rétablir la question dans son véritable état, et nous observerons que, pour fonder l'ordre constitutionnel et maintenir le trône légitime, on peut également se servir des hommes qui ont gagné à la révolution et de ceux qui y ont perdu, pourvu que l'on sache les mettre en œuvre. A Dieu ne plaise que je pense ou que je dise que les hommes à qui la révolution a ouvert le chemin de la fortune soient essentiellement des ennemis de la légitimité ! Je suis convaincu, au contraire, qu'il dépend du Gouvernement de faire d'eux les plus fermes soutiens de l'ordre ; mais pour cela, il ne faudra pas précisément suivre les conseils de M. Guizot : ces conseils pourraient être dangereux. Si l'on allait dire à ces hommes que, vaincus pendant treize siècles, ils viennent enfin de remporter une victoire décisive, et qu'en conséquence on va gouverner avec eux et à leur profit, il est évident qu'ils s'enorgueilliront, et qu'ils seront tentés d'abuser d'une victoire si chèrement et si longuement achetée. Il vaudrait mieux, ce me semble, leur représenter que les avantages qu'ils ont acquis pendant une époque de révolution et de troubles ne se consolideront que par un état diamétralement opposé à celui qui les leur a fait obtenir ; qu'une continuation de cet état entraînerait inévitablement la perte de ces avantages au profit de ceux qui, aujourd'hui, se tiennent dans la position où ils étaient eux-mêmes avant la révolution ; enfin, que le Gouvernement pourra bien agir de concert avec eux, mais que ce

ne sera que du moment où ils se seront entièrement et franchement détachés de la révolution
et de tout ce qui y a rapport.

Quant aux hommes qui ont perdu par la révolution, c'est à la fois une sottise et une injustice
que de les appeler, même figurément, les hommes de la contre-révolution. Une contre-révolution, on l'a dit et répété plus de mille fois, est
impossible en France. Par contre-révolution,
j'entends le rétablissement de tout ce qui existait avant la révolution, par des moyens violens
comme ceux qui les ont renversés. Ce dernier
point est fort important, et résout jusqu'aux plus
grandes difficultés de la question. La restauration de Charles II en Angleterre replaça toutes
choses dans l'état où elles avaient été avant la
révolution, et cependant ce ne fut point une
contre-révolution, parce que ce replacement ne
se fit point d'une manière violente. La punition
légale d'un petit nombre d'individus coupables
ne constitue point un état de violence. Mais,
sous Charles II, les élémens de l'ancien gouvernement existaient encore ; il ne s'agissait que de
les réordonner, et rien n'était plus facile. Au
retour de Louis XVIII, les élémens de l'ancien
régime avaient entièrement disparu de la France.

Le clergé dispersé ne possédait plus ni biens ni influence; la noblesse moissonnée n'offrait plus que de faibles débris; la magistrature, partageant d'un côté le sort de la noblesse, avait, de l'autre, perdu une grande partie de sa considération par les fréquentes mutations que ses membres avaient souffertes sous la république et sous la tyrannie. La position du Roi n'était donc point semblable à celle de Charles II. Pour rétablir l'ancien régime, il eût fallu réellement une contre-révolution, et la chance était plus que douteuse. Le Roi n'eut donc pas même un instant l'idée de le rétablir; il éleva au contraire un régime nouveau, qui prit la place de l'ancien, sans avoir rien de commun avec les absurdes systèmes essayés pendant la révolution. Il ne fonda point ce régime sur la révolution, quoi qu'en dise M. Guizot, mais il effaça la révolution toute entière. Prenant pour base la légitimité, il donna une Charte, c'est-à-dire une déclaration des priviléges que le Roi légitime de France accordait aux diverses classes de son peuple, pour tenir lieu de ceux que la révolution avait renversés, et conformément auxquelles il promettait de gouverner, lui et ses successeurs.

Quels étaient ces priviléges? D'abord le Roi,

en reconnaissant que la religion catholique était la religion de l'Etat, accordait, à ceux d'entre ses sujets qui professaient d'autres croyances, le *privilége* de les exercer librement. Il rendait à la noblesse le *privilége* de porter les titres dont elle avait été injustement dépouillée ; il concédait le partage de ce *privilége* à tous ceux qui, sous le règne d'un despote illégitime, avaient acquis des titres semblables à ceux de son ancienne noblesse ; il instituait une chambre *privilégiée* de pairs du royaume, à laquelle il cédait une partie de sa puissance ; il concédait, à tous ses sujets payant 3oo francs ou plus d'imposition, le *privilége* de contribuer directement ou indirectement à la formation d'une chambre élective, qui jouirait d'une autre part de la puissance législative ; enfin, connaissant que les *priviléges* qu'il accordait n'étaient pas encore complets, il indiquait ceux que des lois explicatives étendraient ou créeraient encore.

Tel est l'esprit du Gouvernement royal et légitime, ainsi que de la Charte qui n'est qu'un code de priviléges. Si dans les articles de la Charte il s'en trouve quelques-uns qui ont des rapports avec des institutions essayées pendant la révolution, c'est que le hasard a voulu que ces

institutions fussent bonnes, et que, comme je
l'ai dit au commencement, il n'y a point de mal
qui n'offre quelque bien. D'ailleurs, combien
d'autres articles sont en opposition directe avec
le motif, le but et tous les vœux de la révolution! Le Roi n'a donc point adopté la révolution.

On s'étonnera peut-être de ce qu'en citant
tous les priviléges accordés par la Charte, je
n'ai pas parlé de celui qui assure aux propriétaires des biens dits nationaux la tranquille possession de ces biens : c'est qu'en effet ce n'est
pas là un privilége, c'est un article transitoire,
la déclaration d'une volonté sur un fait spécial
qui ne doit plus se renouveler, et dont la Charte
elle-même prend soin de rendre le renouvel-
lement impossible. Cette déclaration est une
preuve de plus que le roi n'a point adopté la
révolution. Quand Buonaparte monta sur le
trône, il ne déclara point que les propriétaires
des biens confisqués ne pourraient pas reven-
diquer ces biens : c'est que Buonaparte était la
révolution, qu'en devenant souverain de la
France, il adoptait la révolution, et, sans qu'il
eût besoin de rien dire, les émigrés ne suppo-
sèrent même pas la possibilité de redemander ce
qui leur avait été pris. Sous le Roi, au contraire,

il a fallu une disposition formelle pour rendre légitime un acte essentiellement illégitime. Cette disposition a été faite; dès-lors les anciens propriétaires n'eurent plus rien à prétendre. Si le Roi, en donnant la Charte, avait adopté la révolution, il eût gardé le silence sur les biens nationaux, en ordonnant aux tribunaux de juger comme ils l'avaient fait jusqu'alors. L'article précis que la Charte contient à ce sujet prouve qu'il a reconnu l'illégitimité de la vente, et que, par un effet de sa volonté et de sa pleine puissance, il a rendu cette vente légale, sans égard à tout ce qui avait été fait à ce sujet durant la révolution. Il en est de même de toutes les dispositions de la Charte qui paraissent confirmer des actes faits pendant la révolution; elles les confirment à la vérité, mais ne les adoptent pas, elles renferment le fait, mais par la confirmation même du *fait*, elles prouvent qu'elles rejettent le *principe*. C'est là un point qu'il ne faut surtout jamais perdre de vue.

Est-il vrai, dit M. Guizot, que la révolution soit ingouvernable au profit du trône? Oui sans doute, cela est vrai; la révolution, c'est-à-dire les principes qui ont fait la révolution, sont ingouvernables au profit de qui que ce soit, excepté peut-être à celui des hommes remuans et mécontens dont il ne se trouve heureusement qu'un très-petit nombre dans tous les pays du monde.

Mais nous avons tant parlé de la révolution, et nous n'avons pas encore cité la définition qu'en donne M. Guizot. On va voir qu'elle est aussi fausse que tout le reste de son système. Dans le chapitre spécialement consacré à cette partie, après avoir répété son assertion de la guerre entre les deux peuples, l'auteur ajoute « que, considérée dans ses actes, la révolution a « été une revanche, le triomphe et la vengeance « d'une majorité long-temps opprimée sur une « minorité long-temps maîtresse. »

Que la révolution ait été une vengeance, rien de plus certain, et une vengeance terrible et sanglante; il est douteux même que la contre-révolution le fût autant, et cependant la contre-révolution aurait quelque chose à venger. Il est moins sûr que la majorité ait voulu se venger de l'*oppression* sous laquelle la minorité la faisait gémir, et d'abord par la bonne raison que, depuis plusieurs siècles, la majorité n'a été nullement opprimée en France. Certes les Rois n'opprimaient pas leurs peuples; j'en appelle à un écrivain étranger qui n'avait aucun motif de flatter les monarques français. « Non, dit Sterne, « les Bourbons ne sont en aucune manière une « race cruelle ; ils peuvent être trompés comme « les autres hommes, mais il y a de la douceur « dans leur sang (1). » Les nobles opprimaient peut-être leurs vassaux ? D'où vient donc que partout la révolution s'est manifestée dans les villes où les nobles n'étaient rien et ne pouvaient rien ? D'où vient que les campagnes n'y ont été entraînées qu'avec peine et à leur grand regret ? D'où viennent les innombrables actes de dévouement que le commencement de la révolution a offerts dans les paysans en faveur de leurs seigneurs ? D'où vient enfin que partout où les anciens seigneurs ont conservé une partie de leurs biens, leurs vassaux *opprimés* les reçoivent après trente ans comme de tendres pères qui reviennent au sein de leur famille ? Je conclus de tout cela que la majorité n'était pas opprimée. Quelle a donc été la vengeance à laquelle la révolution a lâché le frein ? C'est celle

---

(1) No the Bourbon are by no means a cruel race ; they may by misled like other people ; but there is a mildness in their blood. (Sterne, Sentimental Journey, chap. *Calais.*)

de l'immense quantité d'hommes qui existent dans tout état civilisé, et qui, ne pouvant ou ne voulant pas travailler et se contenter de la position où le sort les a placés, envient et haïssent les gens honnêtes, laborieux et riches. Ces hommes heureusement ne forment pas la majorité dans les États; mais ils s'y trouvent toujours, fomentent sans cesse, et sont sans cesse prêts à faire une révolution, s'ils ne sont pas ce qu'ils appellent opprimés, mais ce qui n'est au fond que contenus par la main d'un pouvoir protecteur.

Peut-être M. Guizot dira-t-il que par oppression il n'entend pas précisément des actes de tyrannie, et il citera la page où il dit que la révolution a voulu la justice et la veut encore, et que par justice il entend l'égalité des droits et des impôts et la destruction des priviléges.

Quant à l'égalité des droits et des impôts, je soutiens hardiment qu'il n'y a pas un seul des hommes que M. Guizot appelle les hommes de la contre-révolution qui désire aujourd'hui leur distribution inégale. Il y en a, beaucoup même, et je suis peut-être du nombre, qui, moins frappés que M. Guizot des bienfaits de la révolution, auraient préféré qu'elle n'eût pas eu lieu; mais il y a loin de là à désirer le retour de certains abus que l'on supportait sans les approuver. Pour ce qui regarde les priviléges, j'ai déjà dit que la Charte est elle - même un code de priviléges, et celui qui prétend aimer la Charte et détester les priviléges, dit une absurdité, ou cache le fond de sa pensée.

La majorité était, avant la révolution, opprimée, dit-on, par une minorité despotique, c'est-à-dire que la minorité gouvernait seule, et que la majorité obéissait : mais qu'arrive-t-il à présent ? Combien y a-t-il aujourd'hui d'électeurs et d'éligibles ? Cent mille personnes jouissent maintenant en France du droit exclusif de faire des lois, d'un droit bien plus oppressif, quand elles voudront s'en servir pour opprimer, que tous ceux que possédait ci-devant la noblesse. Dans quel système y a-t-il donc plus de priviléges ? Mais, je dirai plus, l'inégalité des impôts existe autant sous la Charte que sous l'ancien régime. Autrefois les terres nobles étaient exemptes de la taille (Notez que les nobles remplaçaient amplement par mille services gratuits ce qu'ils épargnaient par cette exemption) ; aujourd'hui les nombreux rentiers jouissent d'une fortune scandaleusement immense, sans contribuer d'un centime aux charges de l'État. Mais du moins les propriétaires roturiers paient-ils moins d'impôts qu'autrefois ? Au contraire, l'impôt territorial est presque doublé. Y ont-ils donc effectivement gagné quelque chose ? Rien, si ce n'est le plaisir de se ruiner de compagnie et sans ressource, parce que la subdivision des terres ayant diminué et diminuant encore tous les jours le nombre des grands propriétaires, les gens riches qui pourraient venir au secours des malheureux sont tous des rentiers dont l'égoïsme a passé en proverbe, et qui ne craignent des révolutions que si elles amènent des banque-routes.

Tous les priviléges de la despotique minorité de l'ancien régime se bornaient à l'exemption de quelques impôts et à la préférence qu'elle obtenait pour certaines places. J'ai déjà prouvé que l'exemption des impôts n'a fait que chan-ger d'individus ; la préférence pour les places, au lieu d'appartenir aujourd'hui à la noblesse, appartient aux hommes qui paient plus de mille francs d'impôts ; mais comme préférence elle existe toujours. On ne peut pas même dire que tout le monde pouvant acquérir de la fortune, tout le monde peut avoir l'espoir de se trouver au nombre des privilégiés ; le même avantage existait avant la révolution. Sans compter les anoblissemens fréquens, combien n'y avait-il pas de charges exclusivement réservées à la roture, mais qui donnaient la noblesse, et qui, dès la seconde génération, effaçaient toute incapacité? Et parmi ces charges il y en avait beaucoup qui s'achetaient : alors comme à présent il suffisait donc d'avoir de la fortune pour parvenir à tout. Qu'est-ce donc que la masse de la nation, la majorité, a gagné à la révolution?

Il y a une remarque que j'ai été sur le point d'oublier. Les places pour lesquelles la noblesse avait autrefois la préférence ne donnaient aucune part à la législation; elles offraient donc au fond peu d'occasions d'opprimer. Aujourd'hui, nous avons en premier lieu la Chambre des Pairs où deux cents individus possèdent un privilége héréditaire plus éminent qu'aucun de ceux qui existaient avant la révolution. Nous trouvons ensuite une Chambre des Communes nommée par cent mille privilégiés qui, participant à toutes les lois, peut, à une majorité de trois voix, décider du sort de vingt-neuf millions d'individus.

Mais M. Guizot n'ignore pas que tous les véritables intérêts de la révolution sont parfaitement tranquilles; il en convient lui-même, taci-

tement à la vérité. « Il existe, dit-il, parmi nous
« une guerre de vanités, une méfiance des supé-
« riorités anciennes. » Et il ajoute que « Si le
« Gouvernement ne sait pas s'y accommoder, si
« en adoptant les intérêts nouveaux il n'adopte
« pas aussi *les nouveaux amours-propres*; si,
« en ce qui le touche, il ne considère pas comme
« appartenant aussi à la surface supérieure de la
« société les classes qui possèdent maintenant la
« réalité du crédit; loin de guérir le mal réel qui
« nous importune, il l'entretiendra, etc. »

Voilà donc le grand mot lâché, voilà le but
de la brochure de M. Guizot! Il ne s'agit pas des
véritables intérêts de la révolution, des libertés,
du repos; il s'agit des vanités et des amours-
propres. C'est là ce qu'il faut contenter, assouvir:
à cette condition, le gouvernement légitime sub-
sistera, prospérera, et obtiendra l'approbation de
M. Guizot: dignes conclusions de l'ouvrage d'un
Doctrinaire! En effet, c'est pour cela que M. Guizot a écrit trois cent vingt-quatre pages; c'est
pour cela qu'il approuve les ministres qui, jusqu'à présent, ont tout concédé aux amours-
propres nouveaux; c'est pour cela qu'il blâme
le ministère actuel, qui, voyant que ces amours-
propres sont insatiables, veut se remettre dans

la route de la justice, en protégeant les intérêts de tous, sans égard pour les amours-propres de personne : car, certes, on ne dira pas que le Gouvernement flatte aujourd'hui la vanité des royalistes.

J'ai dit en commençant que mon intention n'était ni ne pouvait être de suivre pas à pas M. Guizot et de réfuter toutes les erreurs, toutes les inconséquences dont il a rempli son ouvrage. Je n'ai voulu qu'exposer la fausseté de quelques parties de sa doctrine prise en général, et montrer le véritable but dans lequel il avait écrit. Je passe donc sous silence tant les éloges que la critique qu'il fait de plusieurs de nos hommes d'État. Je ne réfute pas le chapitre où il cherche à prouver que le ministère actuel ne saurait subsister. La délicatesse du sujet ne me permet pas d'entreprendre l'examen de celui où il traite de la position de la France vis-à-vis des puissances étrangères ; je craindrais, en le faisaut, de tomber moi-même dans le défaut principal que je reprocherai à M. Guizot, c'est-à-dire de compromettre des intérêts sacrés pour flatter des vanités.

Il ne me reste donc plus à résumer que ce que j'ai dit.

M. Guizot prétend que depuis treize siècles il existe, en France, deux peuples qui se font la guerre, les Francs et les Gaulois, les nobles et les roturiers ; je dis que la distinction des Francs et des Gaulois est tout-à-fait chimérique, et que l'on pourrait tout aussi bien supposer qu'il existe encore, en Angleterre, une guerre entre les Normands et les Saxons, car la grande majorité de la Chambre des Pairs est composée de Normands; que la guerre entre les nobles et les roturiers a cessé depuis que l'usage des anoblissemens a commencé à devenir général ; enfin, que la guerre que M. Guizot a cru remarquer n'est que celle qui, dans tous les temps et tous les pays, règne entre les propriétaires et ceux qui n'ont rien.

M. Guizot prétend qu'il faut gouverner au profit des intérêts nouveaux, et je dis qu'il ne faut gouverner au profit d'aucun intérêt particulier ; que tous les intérêts, sans exception, doivent être également protégés, et qu'ils ne peuvent l'être qu'en reconnaissant le principe de la légitimité avec toutes les conséquences qui en découlent, c'est-à-dire les priviléges.

M. Guizot prétend que le Roi, en donnant la Charte, a adopté la révolution, et je dis que le

Roi, en donnant la Charte, a promis sa protec-
tion aux intérêts *effectifs* que la révolution a fait
naître, en condamnant irrévocablement le principe auquel ces intérêts ont dû leur naissance;
et je dis effectifs parce qu'il existe aussi des intérêts imaginaires qui ne sont autre chose que le
principe même, et que la Charte ne reconnaît
ni ne protége. Au lieu de dire effectifs ou imaginaires, je dirai, si l'on veut, matériels et moraux,
et je ferai mieux sentir combien je suis loin de
M. Guizot. Je reconnais, avec tous les royalistes,
que les intérêts matériels créés par les suites de
la révolution doivent être sacrés, tandis que ses
intérêts moraux, qui ne sont autre chose que la
révolution elle-même, ne peuvent jamais servir
au maintien d'un gouvernement réglé et légitime : c'est là le point qui a éloigné les royalistes
de tous les ministères qui se sont formés depuis
quatre ans. Jamais les royalistes ne s'opposeront
à ce que les intérêts matériels dont j'ai parlé soient
assurés, tranquillisés, protégés, par tous les
moyens possibles; mais ils combattront tout ministère qui croira devoir se servir des intérêts
moraux qui ont malheureusement survécu à une
époque d'anarchie. Le ministère actuel paraît
avoir enfin compris cette différence essentielle.

Nul ne dira que les intérêts matériels de la révolution soient compromis depuis son existence; et les royalistes se sont réunis à lui, parce qu'il a promis de ne plus livrer à la merci de ses intérêts moraux la religion, l'ordre, la légitimité. Tant qu'il soutiendra ce qu'il a commencé, il aura l'appui des hommes sages de toutes les opinions, et avec cela il pourra sans crainte braver les vanités et les amours-propres, même ceux des Doctrinaires.

www.ingramcontent.com/pod-product-compliance
Lightning Source LLC
LaVergne TN
LVHW012059030726
842523LV00002B/613